PLAN

D'UNE

RÉFORME

MILITAIRE ET FINANCIERE.

PLAN

D'UNE

RÉFORME

MILITAIRE ET FINANCIÈRE,

Indiquant : 1º Des moyens de sortir de la crise financière actuelle ; 2º La possibilité de rendre le service militaire productif pour le soldat et pour l'Etat ; 3º Celle de diminuer les impôts.

PAR JULES CHAMPOMIER.

CLERMONT-FERRAND,

IMPRIMÉ CHEZ AUGUSTE VEYSSET, LIBRAIRE,

Rue de la Treille, 14.

1849.

CHAPITRE Ier.

APPERÇU GÉNÉRAL.

Supposez un moment avec moi que l'état de nos finances pût permettre au gouvernement de la France de dire : A l'avenir, les jeunes soldats désignés par le sort pour le service militaire, avant d'aller rejoindre leurs corps respectifs, apprendront pendant deux ans dans des écoles militaires, le métier de soldat, et aussi des notions de différentes sciences, après lequel temps ils seront incorporés à des légions de travailleurs militaires occupés, soit à des travaux d'utilité publique, soit à la défense de la patrie ; et ceux qui, parmi eux, voudront suivre jusqu'au terme de la retraite la carrière du soldat travailleur, auront, à l'âge de 56 ans, une pension viagère de 540 francs, et une indemnité s'élevant à la somme de 7,400 fr., payable le jour de la libération.

Eh bien ! cette supposition peut être réalisée, et on peut ainsi occuper une armée de 1,470,000 travailleurs disciplinés, ce que je vais chercher à prouver.

En effet, l'État ne pourrait-il pas faire en sorte de n'employer, pour les trvaux publics et ses autres besoins, que des travailleurs attachés à lui par les liens de la discipline militaire, organisés à cet effet dès leur jeunesse. Les administrations de la marine, de la guerre, des travaux publics et de l'agriculture, ne pourraient-elles pas se procurer les matières brutes et les faire transformer par l'armée en objets d'habillements et d'équipement, etc?

Chaque soldat aurait ainsi son emploi dont on pourrait

le détourner en cas de guerre et on aurait ainsi une armée nombreuse et utile.

Les industries privées seraient respectées ; il ne serait point attenté à leur liberté ; on les laisserait produire pour le public, c'est-à-dire pour tout ce qui n'est pas militaire, sauf quelques monopoles nécessaires, comme les tabacs, la poudre, etc. , que l'état se réserverait toujours. Mais comme dès à présent on pourrait objecter qu'un pareil changement laisserait sans ouvrage beaucoup d'ouvriers des industries privées, je dois dire de suite qu'on pourrait en recevoir dans les cadres des légions plusieurs centaines de mille de toutes professions, s'ils présentaient les garanties nécessaires de moralité et de savoir.

Pour arriver sans périls et sans obstacles à un tel ordre de choses, il faudrait :

1o. Que le tirage au sort des jeunes soldats eût lieu à 17 ans, parce qu'à cet âge le jeune homme peut s'instruire plus facilement, et que son avenir n'est pas encore déterminé.

2o. Que parmi eux on en choisisse chaque année 104 mille sur lesquels 16 mille, dès 17 ans et demi, seraient appelés pour entrer et rester jusqu'à 20 ans et demi, ou trois ans dans les écoles de marine et de cavalerie, parce que, pour faire un bon cavalier ou un bon marin, il faut ce temps-là. Les 88 mille autres seraient seulement appelés à 18 ans et demi pour aller aux écoles d'infanterie où ils resteraient jusqu'à l'âge de 20 ans et demi. Après l'instruction faite, 20 mille seraient renvoyés dans leurs foyers pour former l'armée de réserve.

3o. Que la durée du service fut divisée en cinq périodes de sept ans chacune. La première serait obligatoire pour ceux atteints par le sort, les autres seraient parcourues à cause des avantages réservés aux travailleurs, et après des engagements successifs contractés au commencement de chaque période.

Un pareil système dont cet exposé, tout incomplet qu'il est, peut néanmoins donner une idée, a des avantages qui doivent paraître évidents. Et d'abord, pris à l'âge de 18 ans, le jeune soldat ne connaît point encore ou connaît peu le vice ; on l'interne dans des écoles militaire situées loin des villes, dans des campagnes, où il ne trouve que des élèves comme lui et des éléments d'instruction , de force et de vie ; il s'y instruit, se polit, apprend le maniement des armes, la gymnastique, un art utile et la culture des jardins et des champs. Après ce cours militaire fait, il lui serait permis d'aller passer quelques mois chez ses parents pour leur montrer que la république n'est pas ingrate pour ceux qui la servent, et qu'elle commence à donner l'instruction pour recevoir ensuite travail et dévouement.

Désormais donc le départ du jeune conscrit qui irait servir sa patrie ne serait plus un sujet de désolation pour sa famille, pour sa pauvre mère surtout dont le cœur se serre si fort à l'idée de cette séparation trop souvent éternelle, d'un fils qu'elle a pris tant de peine à faire grandir.

Enfin après ces quelques mois passés chez lui, notre jeune soldat serait incorporé à une des légions de travailleurs exécutant, les unes des travaux de routes, les autres des chemins de fer, les autres des travaux d'irrigation générale devant fertiliser des départements entiers.

Le dimanche seulement il serait distrait de ses travaux pour faire des promenades et exercices militaires. Après sept années de pareils services, ceux qui seraient libérés obtiendraient une pension viagère de 50 francs par an et 600 fr. d'indemnité, et passeraient dans les cadres de réserve où ils recevraient encore 12 fr. par an pour frais de déplacements et de gardes.

Mais ceux qui voudraient pousser jusqu'à d'autres périodes leur service demeureraient attachés à certains postes où ils seraient occupés à des travaux d'un autre genre. Ils seraient cultivateurs en Algérie, pompiers, cantonniers, gardes des villes, tailleurs, cordonniers, drapiers, mécaniciens, etc.; à ceux-ci l'état permettrait le mariage à 30 ans, nourrirait et habillerait leurs enfants jusqu'à l'âge de dix-sept ans et demi. Après cinq périodes, ou 55 ans de service de ce genre, le simple soldat aurait 340 fr. de pension, et 7,400 fr. d'indemnité, avec la faculté de s'établir où il voudrait, ce qui vaut mieux, sans contredit, que l'hôtel des Invalides.

Voilà comment je comprends le service militaire rendu utile, et la récompense due aux travailleurs honnêtes ; une telle récompense peut et doit s'étendre, par an, à 56,000 soldats, et cela indéfiniment.

On pourrait ainsi satisfaire à beaucoup d'exigences et faire connaître l'ordre et l'aisance à bien des hommes qui, sans cela, ne les eussent jamais connus.

Emploi du temps des troupes occupées aux travaux.

Les dimanches, manœuvres et promenades militaires.

Dans la semaine et chaque jour :

Travail.	10 heures.
Repas.	2
Occupations particulières	5
Repos.	9
Total.	24 h.

CHAPITRE IIe.

DES ÉCOLES MILITAIRES.

Des écoles militaires instituées dans le but d'instruire et de moraliser l'armée recevraient chaque année, avons-nous dit, tous les jeunes conscrits de la même classe. Ces écoles spacieuses et situées dans la campagne ressemble-raient d'abord à un campement et elles s'amélioreraient chaque année par le travail des élèves. Les avantages de semblables écoles sont manifestes; et d'abord le jeune sol-dat y apprendrait sa langue; il n'y serait point exposé, comme sur les places publiques de nos villes, à la risée des badauds quand il ne comprend point ses instruc-teurs. — Il s'y accoutumerait à cette conformité d'actions qui fait la force, se formerait très-jeune à la discipline militaire. L'établissement de ces écoles, qu'on déplacerait tous les quatorze ans, permettrait d'améliorer successive-ment telle ou telle contrée de la France, d'y édifier des constructions saines et bien établies, dans le but d'y re-cevoir les vieux militaires libérés, qui pourrait en faire l'acquisition, ainsi que celle d'un lot de terrain au moyen de l'indemnité qui leur est allouée, il pourrait même en être vendu des lots au public. Enfin pour éviter aux élèves de ces écoles le contact extérieur, il faudrait peu les multiplier et faire que chacune d'elle fut assez spacieuse pour permettre que l'on pût faire dans son enceinte toutes les manœuvres et exercices nécessaires à l'instruction et à la santé des élèves, et afin qu'on pût sur sa surface trouver une grande partie, sinon toute la nourriture des élèves. Quatre mille hectares clos sont, je crois, un espace suffisant pour contenir huit mille élèves; on devra les placer autant que possible en Algérie, en Corse ou dans les lieux montagneux et arides de la France, où le sol inculte a le moins de valeur, afin que les bras de nos jeunes gens puissent y trouver de l'occupation, et leur donner une plus value profitable au budget.

Des barraquements en planches seraient d'abord le seul abri qu'on leur donnerait, et leurs bras feraient le reste.

Pour contenir les 224,000 élèves provenant des deux classes de conscrits que chaque année on doit instruire, 56 écoles seraient nécessaires ; elles seraient ainsi divisées :

Pour la cavalerie. . . . 2
La marine. 6
Infanterie. 28

Des écoles de cavalerie.

La Corse se présente d'abord à notre idée avec ses petits chevaux si propres aux petites cavalcades et ses contrées inhabitées ; y établir l'école de cavalerie des élèves de première année me paraît avantageux ; 6,000 élèves, 5,000 hectares, 4,400 chevaux et 400 professeurs ou brigadiers pourrait être sa composition.

L'Algérie et ses chevaux arabes me paraît bonne à recevoir des élèves devenus plus forts et pouvant déjà éviter ou combattre un ennemi ; l'école, composée des élèves de troisième et de deuxième année, me paraît devoir y être établie, et aurait 14,000 élèves, 800 professeurs et 9,000 chevaux ; 14,000 hectares seraient ses dépendances.

L'emploi par jour du temps des élèves pourrait être le suivant :

Exercice et pansement du cheval. . . 5 h.
Études des sciences. 5
Culture des fourages et de la terre.. 4
Repas et récréation. 2
Arts d'agrément. 1
Sommeil. 9
____
Total. . . 24 h.

Des Écoles de Marine.

Chaque mer ayant ses écueils, ses anses et ses falaises, pour ces motifs nous espacerons les écoles-marines sur tout le littoral, afin qu'il soit plus connu de nos marins. Elles seraient, avons-nous dit, au nombre de six et placées ainsi qu'il suit :

La 1ʳᵉ, en Corse.

La 2ᵉ, en Algérie.

La 3ᵉ, à Cette.

La 4ᵉ, à Bayonne.

La 5ᵉ, à Cherbourg.

La 6ᵉ, à Lorient.

Dans chacune d'elles, 6,000 élèves recevraient l'instruction que leur donneraient 800 professeurs ou marins ; un voyage de huit à dix mois de navigation serait fait pendant la durée de l'instruction qui consisterait à apprendre le français, l'anglais, l'italien, la construction du vaisseau et les mathématiques.

L'emploi du temps des élèves dans ces écoles pourrait être le suivant pour chaque jour de la semaine, moins le dimanche :

Instruction intellectuelle.	6 h. par jour.
Manœuvres.	2
Repas.	2
Arts utiles à la marine.	4
Arts d'agrément.	1
Sommeil.	9
	24

Des Écoles d'Infanterie.

Vingt-huit écoles d'infanterie seraient, avons-nous dit plus haut, nécessaires pour former, d'après ce système, les fantassins de l'armée ; cinq seraient établies en Algérie. deux en Corse et vingt et une en France ; chaque école renfermerait, au plus, 8,000 élèves, et 400 officiers professeurs ou sous-officiers en formeraient le cadre; il faudrait affecter à son emplacement une surface de 4,000 hectares.

L'emploi du temps des élèves pourrait être le suivant :

Exercices militaires. . . .	2 h.
Instruction intellectuelle. . .	6
Repas.	2
Arts d'agrément.	1
Constructions et cultures. . .	4
Sommeil.	9
	24

CHAPITRE IIIe.

DE LA COMPOSITION DE L'ARMÉE.

L'armée serait divisée en deux parties distinctes : l'une, l'armée active, serait employée par l'état, au maintien de l'ordre, à des travaux utiles, en temps de paix, et à la défense de la patrie en temps de guerre ; l'autre, l'armée de réserve, se composerait d'hommes ayant tous servi et revenus dans leurs foyers, soit à leur sortie des écoles militaires, soit après être demeurés au service pendant une ou plusieurs périodes, et recevant pour ce service fait une pension et une indemnité proportionnées au nombre des années qu'ils auraient servi.

Armée de Réserve.

Elle pourrait se composer :

1°. Des 20,000 jeunes soldats qui, à leur sortie des écoles militaires, auraient été renvoyés dans leurs foyers ; pour ceux-ci la durée du service dans la réserve serait de 28 ans, le mariage ne leur serait point interdit, et nous aurions ainsi 28 fois 20,000 hommes, ou 560,000, ci   =   560.000

2°. De ceux qui ayant demeuré sept ans au

A Reporter   560,000

Report.   560,000

service auraient été renvoyés dans leurs foyers au nombre de 48,000 chaque année ; à ces soldats il serait demandé quatorze années de service dans la réserve, ce qui ferait 14 fois 48,000, ou 672,000, ci.   672,000

5°. Nous supposons ici que 6,000 hommes, sur les 56,000 de chaque classe restant au service, se retirent pour des motifs quelconques ; à ceux-ci il serait demandé onze ans de service dans la réserve, et ce serait donc onze fois 6,000 hommes, ou 66,000 de plus, ci.   66,000

4°. Enfin les vieux militaires ayant obtenu leur retraite à l'âge de 56 ans, devraient faire partie pendant quatre ans de la réserve ; ils y auraient les grades d'honneur.

Il en est libéré 50,000 par an, ce qui ferait quatre fois 50,000, ou 120,000, ci.   120,000

Total.   1,418,000

Ce qui formerait un nombre total de quatorze cent dix-huit mille hommes dans l'armée de réserve.

Cette armée devrait être substituée à la garde nationale dont elle ferait le service et pourrait prendre le nom.

Divisée en bataillons cantonnaux, elle obéirait partiellement aux maires des chefs-lieux de canton.

Elle se réunirait une fois par mois pour manœuvrer, et, pour cela faire, les soldats arriveraient de leurs communes au chef-lieu de canton avec leurs habits de tous les jours qu'ils changeraient pour leurs uniformes laissés en dépôt, ainsi que les armes, aux pompiers chargés de leur entretien dans chaque canton. Chaque année, lors de la formation des camps pour les grandes manœuvres de l'armée active, la réserve serait appelée à y prendre part, et chaque homme recevrait 12 fr. d'indemnité pour frais de déplacement et de séjour lequel ne pourrait excéder dix jours.

Armée Active.

Sa composition pourrait être la suivante :

1°. On a appelé chaque année pour aller aux écoles militaires 104,000 conscrits ; après l'instruction faite, on en a distrait 20,000 pour le service de la réserve ; c'est donc 84,000 qui demeureraient pour l'armée active, où ils serviraient sept ans, ce qui fait sept fois 84,000, ou 588,000, ci. 588,000

2°. Après sept années de service, quarante-huit mille seraient renvoyés chaque année, ce serait de préférence ceux qui ont chez eux des moyens d'existence assurés ; resteraient donc 56,000 par classe, qui continueraient de servir pendant sept ans, à cause des avantages réservés par ce système aux militaires ; cela ferait sept fois trente-six mille, ou. 252,000

3°. Nous supposerons qu'après ces sept années de service 6,000 se retirent dans leurs foyers, et qu'il en reste seulement 50,000 qui, devant servir 21 ans pour obtenir le chiffre maximum de la retraite, nous aurions vingt-une fois trente mille, ou. 630,000

  Total. 1,470,000

On formerait ainsi une armée active dont la totalité s'élèverait au chiffre de quatorze cent soixante-dix mille hommes.

CHAPITRE IVᵉ

EMPLOI DE L'ARMÉE ACTIVE.

Une partie en serait employée aux travaux publics et à l'amélioration du sol de la France, une autre au maintien de l'ordre, et enfin une autre serait employée à produire les objets et la nourriture que consommeraient les deux premières parties.

Ainsi, 1° chaque département aurait pour ses travaux six bataillons de mille hommes chacun dont trois s'occuperaient de routes cantonnales, voies de communication utiles qui manquent généralement ; elles seraient achevées avant douze années ; deux autres s'occuperaient à rectifier les routes nationales, et le sixième travaillerait aux chemins de fer, canaux et irrigations ; ils seraient composés de célibataires et seraient campés dans des barraques qu'ils déplaceraient au fur et à mesure de la marche des travaux.

On emploierait ainsi quatre-vingt-six fois six mille hommes, ou 516,000, ci.   516,000

2°. Quarante bataillons semblables de travailleurs seraient occupés à des travaux analogues faits en Algérie, ou 40,000 hom. , ci.   40,000

3°. Aux colonies, quarante-huit bataillons seraient occupés aux travaux publics, à la culture du tabac, etc., 48,000, ci.   48,000

4°. Pour cultiver les blés et élever les bestiaux que pourrait consommer l'armée, il faudrait cent soixante mille cultivateurs et leurs familles qui seraient placés en Algérie, par bataillons aussi de mille hommes groupés de

À reporter.   604,000

	Report.	604,000

manière à pouvoir, en cas d'attaque, se réunir rapidement à d'autres ; ils exploiteraient par compagnies de grands domaines sous la surveillance et la direction des officiers ; ils auraient au moins trente ans, seraient mariés, leurs femmes et leurs enfants seraient utilisés dans les exploitations, ci 160,000

5°. Comme nous le verrons plus bas dans le détail de l'ordinaire du soldat, il lui est accordé une certaine quantité de vin par repas ; il faudrait par conséquent des vignerons pour sa production. Le nombre de seize mille est, je crois, suffisant ; dix mille en Corse, quatre mille en Algérie et deux mille en France ; ils seraient aussi mariés comme les précédents. 16,000

6°. D'autres soldats seraient occupés en Algérie à l'éducation des bestiaux. Ils pourraient aussi être mariés, auraient leurs familles occupées avec eux, et seraient au nombre de 8,000, ci 8,000

7°. Pour l'éducation des chevaux de l'armée, on choisirait les soldats les plus soigneux qu'on placerait au nombre de huit mille en Algérie, où ils seraient ainsi occupés ; on arriverait par ce moyen, je pense, à produire sans nul doute une notable amélioration dans la remonte de l'armée, huit mille hommes mariés, ci 8,000

8°. Pour la production de la garance et de

	A reporter.	796,000

Report.	796,000

la soie, on emploierait en Algérie quatre mille hommes mariés aussi, ci — 4,000

9°. Pour l'exploitation et la fabrication du fer et du cuivre qui abondent en Algérie et dont on tirerait ainsi parti ; il serait employé douze mille soldats mariés, ci — 12,000

10°. Pour la fabrication des fusils, armes et poudres ; il serait employé, tant en France qu'en Algérie, douze mille soldats mariés, ci — 12,000

11°. Aux colonies, pour la production du sucre et des denrées coloniales à l'usage de l'armée, six mille hommes mariés aussi, ci — 6,000

12°. Aux colonies, pour la préparation des bois destinés aux constructions navales, huit mille hommes pourraient être employés, ci — 8,000

13°. Pour les transports militaires, tant en France qu'en Algérie, il serait employé 30,000 hommes mariés, ci — 30,000

14°. Mécaniciens, usiniers, imprimeurs, papetiers, 8,000, ci — 8,000

15°. Pour la fabrication des canons, affûts, engins de guerre, bombes, etc., dix mille hommes, ci — 10,000

16°. La fabrication d'instruments de mathématiques et de précision, de monnaies, de services de table à l'usage des officiers, de la quincaillerie, des montres, couteaux, etc., dix mille hommes mariés, ci — 10,000

17°. Corroyeurs et tanneurs pour la préparation des cuirs, selliers, dix mille hommes — 10,000

À reporter. 906,000

Report.   906,000

18o. Drapiers, chapeliers, passementiers, dix-huit mille hommes   18,000

19°. Tisseurs d'étoffes et de toile, douze mille   12,000

20o. Sur les routes, pour leur entretien, des cantonniers seraient placés par brigades de huit hommes et un brigadier à la jonction des routes et hors des villes, dans des établissements agricoles de huit hectares fondés à cet effet ; ils travailleraient par brigades et sous la surveillance du brigadier, et leur travail ainsi surveillé serait beaucoup plus productif que celui fait par les cantonniers actuels travaillant isolément et presque sans contrôle ; un tombereau et un cheval appartiendraient à chacune des brigades, et le jeudi de chaque semaine serait accordé aux cantonniers pour travailler les champs dépendant de leurs casernes, où seraient aussi logés par brigades de cinq hommes, les gendarmes ; les uns et les autres seraient mariés.

Les cantonniers actuels des routes pourraient entrer dans la formation de ces brigades.

Soixante mille cantonniers seraient nécessaires à l'entretien des routes qui sont faites et de celles qu'on se proposerait de faire, ci.   60,000

21o. Pour la sûreté des villes et pour combattre les incendies, des pompiers-militaires seraient formés comme ceux de Paris qui ren-

—————————

A reporter.   996,000

Report.   996,000

dent de si grands services. Chaque chef-lieu de canton, aurait son escouade de douze pompiers qui, pour la plupart, étant ouvriers des bâtiments, répareraient les bâtiments des communes, prendraient soin des habillements et des armes, des réserves qu'ils auraient en dépôt, entretiendraient en état de conservation les blés des greniers d'abondances faits dans chaque chef-lieu de canton pour prévenir la cherté des grains et les disettes; chaque ville en aurait un nombre proportionné à celui de la population; une ville de quarante mille âmes, par exemple, pourraient en avoir deux cent quarante; Paris quatre mille, et à Lyon huit cents, etc. La France, l'Algérie et les colonies devraient en avoir ensemble quatre-vingt-seize mille, ci   96,000

22o. Pour le génie militaire, les soldats resteraient ce qu'ils sont, ils travailleraient et guideraient le travail des autres corps, feraient les plans et prépareraient les logements des troupes; vingt mille hommes seraient un nombre en rapport avec l'importance de l'armée. La moitié pourrait être mariée.   20,000

25o. Pour l'artillerie, il en serait comme pour le génie, c'est-à-dire qu'on ne toucherait pas à son organisation, et elle resterait ce qu'elle est, seulement on ferait en sorte que les artilleurs pussent faire eux-mêmes les pièces, chariots et machines dont ils

A reporter.   1,112,000

Report 1,112,000

se servent; il y en aurait quarante mille dont
la moitié pourrait aussi être mariée. 40,000

24°. Tirailleurs ou chasseurs de Vincennes.
Ce corps que l'habileté des manœuvres et la
précision du tir a rendu redoutable aux Arabes,
serait accru et ne s'occuperait qu'à garder le
pays et à se perfectionner encore dans son art,
s'il est possible; vingt-quatre mille resteraient
en France, et vingt-quatre mille iraient en Algérie, ce qui ferait en tout quarante-huit mille
hommes. 48,000

24°. La cavalerie serait peu nombreuse et
se réduirait à cinquante-six mille hommes de
cavalerie ordinaire, dont quarante-mille demeureraient en Afrique; ce seraient des célibataires. 56,000

25°. La création d'une garde municipale à
cheval ou dragons d'élite aurait de l'utilité
pour maintenir l'ordre dans les villes popu-
leuses. Huit mille seraient, je crois, un nombre suffisant pour les villes de France et d'Algérie; Paris en aurait deux mille; Lyon,
mille; Alger, mille, etc; ils pourraient être
mariés. 8,000

26°. Gendarmerie à cheval. Le nombre re-
connu insuffisant des gendarmes a fait que
je l'ai porté à vingt-quatre mille hommes, au
lieu de quatorze, qui est le nombre actuel. 24,000

27°. Grenadiers d'élite. J'ai pensé qu'il fal-
lait conserver toujours un souvenir vivant de

A Reporter 1,288,000

Report. 4,288,000

ces grenadiers qui ont fait si honorablement
les guerres de l'Empire et de la république, et
un corps de quatre mille grenadiers habillés et
équipés comme ceux de la grande armée, devrait être formé pour maintenir l'ordre dans
Paris, et garder les postes d'honneur ; ils
pourraient être mariés, ci   4,000

28º Marine. J'ai porté à cent vingt-huit
mille le nombre des marins, soldats et ouvriers de marine. La moitié de ce nombre,
qui me paraît suffisant, naviguerait, tandis
que l'autre serait occupée dans les ports aux
constructions navales ; les deux tiers des marins pourraient être mariés, ci   128,000

29º Le nombre des ouvriers tailleurs, cordonniers, devra être proportionné au nombre
des soldats, d'après les renseignements qui
m'ont été fournis, cinquante-six mille seraient
nécessaires, ci   56,000

50º Professeurs aux écoles, huit mille.   8,000

51º Cultivateurs destinés à la production
du chanvre et du lin pour la fabrication du
linge de l'armée, ci.   6,000

52º Dans les mines de houille, plomb et
autres, hommes mis en punition, huit mille
par exemple, ci.   8,000

Total égal   1,470,00

C'est ainsi qu'on pourrait trouver l'emploi à ces
1,470,000 soldats.

CHAPITRE V^e.

DU REMPLACEMENT.

Avec ce système, combiné pour l'ordre et aussi pour donner l'aisance et le bien-être à ceux qui en sont dénués, le remplacement est une nécessité, dans ce sens qu'il laisse s'éloigner du service des gens ayant un certain avoir, pour forcer, pour ainsi dire, ceux qui ont peu, à prendre ce moyen de parvenir à avoir plus.

Le service militaire, soit dans l'armée active, soit dans celle de réserve, étant d'une certaine durée, le nombre des remplacés devra s'en accroître et sera de vingt mille hommes au moins à remplacer par année, que le gouvernement pourrait coter à 1,600 francs l'un, faisant 52,000,000 fr. pour 20,000 remplaçants qu'on prendrait en plus dans chaque classe.

On pourrait employer ainsi cette somme : 6,000,000 de francs qu'on destinerait aux écoles militaires, 12,000,000 qu'on distribuerait aux soldats de la même classe faisant pour chacun 125 francs qu'on payerait avec les intérêts le jour de la libération, et enfin 14,000,000 seraient employés à payer 12 francs 50 centimes à chacun des soldats de l'armée de réserve pour frais de déplacement, lorsqu'ils seraient appelés chaque année dans les camps pour prendre part aux manœuvres de l'armée active.

Une armée aussi considérable, attachée à son gouvernement par des bienfaits réciproques, serait, je crois, une grande garantie d'ordre et le salut du pays.

CHAPITRE VIe.

DE LA SOLDE.

Ici, pour agir dans l'intérêt du travailleur, lui éviter des dépenses peu nécessaires, et souvent la débauche, et aussi dans un but d'économie politique, il est dit que la solde des travailleurs militaires, à peu près équivalente à 70 centimes par jour, ne serait payée au soldat que le jour de sa libération, avec les intérêts accumulés, faisant pour celui qui a sept ans de service 50 francs de pension, 550 francs d'indemnité et 180 fr. de quote-part du prix du remplacement, ou 60 fr. de revenu annuel, outre cinq centimes de prêt qu'il a touché chaque jour de son service.

Au simple soldat ayant resté 55 ans au service, il serait donné aussi le jour de sa libération 340 fr. de pension viagère, 6,800 fr. d'indemnité, 500 fr. de quote-part du prix de remplacement, et un mobilier d'une valeur de 800 fr., ou 740 fr. de revenu, non compris cinq centimes de prêt qu'il a touché par jour pour ses menus plaisirs.

Le tableau suivant indique les indemnités et les pensions dues à tous les militaires travailleurs de tout grade en proportion des années de service ; on pourra y remarquer que pour entretenir parmi eux l'émulation, ils y sont divisés en trois classes différemment payées ; ainsi il pourrait y en avoir 1/8 admis à la première classe, 6/8 à la deuxième, et 1/8 à la troisième; et pendant que les soldats de la première classe recevraient 36 francs de pension, ceux de la seconde auraient 30 francs, et ceux de la troisième 24 francs, et cela en conservant toujours la même proportion dans la payc des indemnités ; et dans celle des pensions dues pour les autres périodes de service. Il va sans dire que les meilleurs travailleurs seraient placés dans la première classe et les mauvais dans la troisième.

Les ingénieurs, les conducteurs et piqueurs des ponts-et-chaussées pourraient entrer dans l'armée avec un grade analogue au rang qu'ils auraient dans leur corps, et les officiers les aideraient dans les travaux d'études de routes ou de canaux, et utiliseraient ainsi agréablement leur savoir et leurs loisirs.

Examinons ici combien serait différente et améliorée la position du soldat d'après ce système. Après 55 ans de service, il aurait sa famille, une pension et de quoi acheter une maison, un jardin, un champ, qui feraient les délices de ses vieux jours, tandis qu'aujourd'hui il est libéré après sept ans ; on ne lui fait aucun avantage pour l'encourager à demeurer au régiment, et quand il revient chez lui le travail l'ennuie, souvent il est à charge à lui-même et aux autres.

Il n'a point été fait de tableau de la solde des troupes de cavalerie et de marine, parce que dans ces corps tous les grades ont leurs correspondants dans celui d'infanterie qui suit :

TABLEAU INDIQUANT LA SOLDE PROPOSÉE POUR LES OFFICIERS, SOUS-OFFICIERS ET SOLDATS DE L'ARMÉE ACTIVE.

Suivant leurs grades et le nombre de leurs années de services.

INDICATION DU GRADE.	POUR LA 1e PÉRIODE ou 7 ANS DE SERVICE.			P. LES DEUX 1es PÉR. ou 14 ANS DE SERVICE.			POUR 3 PÉRIODES ou 21 ANS DE SERVICE.			POUR 4 PÉRIODES ou 28 ANS DE SERVICE.			POUR 5 PÉRIODES ou 35 ANS DE SERVICE.		
	Pension annuelle et viagère.	Indemnité de service due.	Total du revenu.	Pension annuelle et viagère.	Indemnité de service due.	Total du revenu.	Pension annuelle et viagère.	Indemnité de service.	Total du revenu.	Pension annuelle et viagère.	Indemnité de service.	Total du revenu.	Pension annuelle et viagère.	Indemnité de service.	Total du revenu.
	fr.	fr.	fr	fr.	fr.	fr.	fr.	fr.	fr.	fr.	fr.	fr.	fr.	fr.	fr.
Soldats. 3e Classe.	24	480	48	60	1200	120	100	2000	200	180	3600	360	320	6400	610
Soldats. 2e Classe.	30	550	60	70	1400	140	120	2400	240	200	4000	400	340	7200	700
Soldats. 1e Classe.	36	720	72	80	1600	160	140	2800	280	220	4400	440	380	7800	760
Caporal	40	800	80	100	2200	200	160	3200	360	260	5000	500	420	8200	820
Sergent.	50	1000	100	120	2100	220	180	3600	360	280	5600	560	450	9000	900
Sergent-Major . . .	50	1000	100	120	2200	220	180	3600	360	300	6000	600	480	9600	980
Sous-Lieutenant . .	40	800	80	100	2000	200	180	3600	360	400	8000	800	540	10800	1080
Lieutenant, ...	40	800	80	100	2000	200	180	3600	360	500	10000	1000	600	12000	1200
Capitaine.	40	800	80	100	2000	200	180	3600	360	550	11000	1100	650	13000	1300
Chef de bataillon .	40	800	80	100	2000	200	180	3600	360	700	14000	1400	750	15000	1500
Lieutenant-Colonel.	30	600	60	170	1400	140	180	3600	360	700	14000	1400	850	17000	1700
Colonel	30	600	60	170	1400	140	180	3600	360	700	14000	1400	900	18000	1800
Maréchal-de-Camp.	200	4000	400	400	8000	800	800	16000	1600	900	18000	1800	1250	25000	2500
Lieutenant-Général	200	4000	400	400	8000	800	800	16000	1600	1000	20000	2000	2000	40000	4000
Maréchal de France	200	4000	400	400	8000	800	800	16000	1600	1200	24000	2100	3600	72000	7200

CHAPITRE VIIe.

DES DÉPENSES OCCASIONNÉES PAR CE SYSTÈME.

Si, comme je le crois, tous les objets d'entretien et de nourriture de l'armée pouvaient être le produit du travail d'une partie de l'armée elle-même, il résulterait que le crédit qu'on y affecte annuellement pourrait être supprimé, et dès-lors les dépenses de solde de troupes et quelques autres qui suivent seraient les seules à compter :

1°. Nous avons dit que sur les 84,000 hommes de chaque classe appelés au service, 48,000 seraient libérés après sept années avec une pension annuelle de 50 francs par homme ; elle serait servie pendant 54 ans, qui est la durée moyenne de la vie des hommes de 28 ans ; c'est donc 54 fois 48,000 pensions de 50 fr., ou.   · 42,540,000

Chaque homme toucherait de plus , le jour de sa libération , 550 fr. d'indemnité, ce qui fait 48 mille fois 550 francs , ou.   26,400,000

Chaque soldat aurait en outre cinq centimes par jour ; 175 fr. pour sa quote-part du prix du remplacement militaire, et enfin le tiers des droits de ceux de ses camarades qui meurent, lesquels droits seraient divisés par tiers dont un reviendrait à l'état, l'autre à la famille du défunt, et le troisième se diviserait entre les hommes de sa compagnie ; ceci est pour le cas où le soldat mort ne

A reporter.   68,940,000

Report.   68,940,000

serait pas marié, car s'il l'était, sa veuve et ses enfants hériteraient de tous ses droits. Toutes ces petites sommes ne sont portées que pour mémoire.

2°. Nous avons dit plus haut que sur les 56,000 hommes de chaque classe restant au service au-delà de sept années, nous pensions que 6,000 se retireraient après quatorze années ; à ceux-ci il serait dû 70 fr. par an pendant leur vie durant, qui est en moyenne de 26 ans.

Ce qui ferait 26 fois 6 mille pensions de 70 francs, ou.   9,720,000

Plus 1,560 fr. d'indemnité fixe pour chacun, faisant pour tous 6 mille fois 1560 francs, ou.   8,160,000

Enfin 200 francs de cote-part du prix de remplacement, 5 centimes par jour et le tiers des droits des soldats décédés : mémoire.

3°. Il nous resterait, d'après ce qui précède, 50,000 hommes par classe servant jusqu'à 55 ans, ou 21 ans de plus que les précédents ; ceux-là obtiendraient 540 fr. de pension annuelle, pendant leur vie, qui est moyennement de 13 ans et demi, ou 13 fois et demi 50 mille fois 540 fr., ou.   142,800,000

Plus une indemnité de 6,800 fr. par homme, ou 50 mille fois 6,800 fr.   204,000,000

Enfin 300 fr. de cote-part du prix du

————————
A reporter.   455,620,000

Report.   455,620,000

remplacement militaire et le tiers des droits des morts sans famille et un mobilier évalué à 800 fr. délivré le jour de la libération ; pour mémoire.

4°. Nous comptons ici les 5 centimes qu'on donne par jour pour leurs menus plaisirs à tous les officiers, sous-officiers et soldats de l'armée active forte de 1,470,000 hommes faisant la somme de.   26,754,000

5°. Pour supplément de solde due aux officiers et sous-officiers, suivant leurs grades, 58,000,000, ci   58,000,000

6°. Ecoles militaires. — Pour frais d'installation, d'expropriation et autres , 20,000,000, ci   20,000,000

Plus 6,000,000 alloués sur les recettes provenant du remplacement militaire fait par l'état. Cette dépense qui pourrait paraître minime serait néanmoins suffisante, car les officiers, sous-officiers et soldats qui y seront attachés sont déjà compris dans l'armée où il leur est alloué leur solde, et de plus le terrain des écoles prenant par le travail même des élèves une plus value considérable, ces établissements seraient plutôt à compter pour les recettes que pour les dépenses.

7°. L'ouverture de toutes les routes cantonnales nécessaires pour relier ensemble tous les chefs-lieux de cantons limitro-

A reporter.   518,574,000

Report. 518,574,000

phes, demanderait l'expropriation de bien des terrains ; je pense que le tiers des indemnités à donner aux propriétaires de ces terrains devrait seul être à la charge de l'état, les deux autres tiers devant être payés, l'un par les chefs-lieux de canton où aboutiraient les routes, et l'autre par les communes sur le territoire desquelles elles passeraient ; ce tiers est évalué à. — 5,500,000

8°. Pour expropriation de terrains pour l'emplacement des rectifications des routes nationales et pour établissement de canaux et chemins de fer. — 5,000,000

9°. Pour expropriation d'emplacement pour les casernes des pompiers et des cantonniers, par an. — 5,000,000

10°. Pour achat de houilles, matières brutes, fer, pierres de taille, bois de constructions, etc. — 8,000,000

11°. Pour frais d'administration et de bureaux qui devraient diminuer beaucoup à cause de l'emploi qu'on pourrait y faire, des militaires ayant la solde ordinaire, et des objets fabriqués par l'armée, tels que papiers, cartons, etc. Nous l'évaluerons néanmoins à. — 16,000,000

Total. 551,674,000

Avec ce chiffre de 552,000,000 on pourrait faire face à toutes les dépenses des quatre ministères de la guerre, de la marine, des travaux publics et de l'agriculture. En 1844, ces ministères absorbaient 606,000,000 fr., et en 1849, ce sera au moins 800,000,000 fr. qu'il faudra leur allouer ; la différence entre ces nombres et celui de 552,000,000 est appréciable.

CHAPITRE VIIIe.

DE L'ÉCONOMIE RÉSULTANT DE CE SYSTÈME.

Cette économie qui est de 54,000,000 sur le budget de 1844, que nous regardons comme normal, est en réalité bien plus considérable si on fait attention que pendant les premières années les allocations pour soldes des troupes seront presque nulles, et que ce ne sera que trente-cinq ans après la mise en activité de ce système que se fera la dépense totale de 552,000,000, qui jusqu'à ce moment éloigné n'excédera pas le chiffre de 220,000,000 de francs. Dès l'année prochaine on pourrait réduire d'un vingtième les impositions foncières et les patentes, et continuer ainsi jusqu'à un entier dégrèvement, parce que si quelqu'un avait à souffrir de l'établissement de ce système, ce seraient les patentables qui pourraient perdre quelques ventes, et les propriétaires de biens fonds dont les produits diminueraient peut-être de valeur ; on pourrait aussi employer 300,000,000 par an à l'amortissement de la dette publique, et les quinze millions d'intérêts qui, par le fait de cette allocation, resteraient disponibles, compteraient pour recette au budget.

CHAPITRE IXᵉ.

DES AVANTAGES ET DES INCONVÉNIENTS.

Tâchons maintenant d'énumérer les avantages présumés de ce système ; nous passerons ensuite aux inconvénients. Les avantages sont d'abord : économie dans les finances, ainsi que le prouve le chapitre précédent ; emploi immédiat de presque tous les ouvriers capables qui manquent de travail ; leur division en catégories ; moralisation de l'armée par l'instruction, le bien-être, la discipline, l'émulation et son éloignement des centres viciés. L'Algérie serait nécessairement colonisée ; son sol fouillé par les bras de deux cent mille soldats travailleurs, se couvrirait de récoltes ; elle jouirait, par suite, d'une sécurité qu'elle n'a jamais connue, des routes s'y établiraient, partout même dans le désert, et ses mines, exploitées par l'armée, seraient une source de richesses pour l'état ; un vaste réseau de routes cantonnales vivifierait bientôt la France. D'après des renseignements fournis par des entrepreneurs de routes départementales dans les montagnes du département du Puy-de-Dôme, il est constant que mille hommes travaillant trois cents jours par an peuvent faire vingt kilomètres de routes cantonnales, larges de six mètres avec trois mètres soixante centimètres d'empierrement ; il pourrait alors en être fait cinq mille kilomètres par an, en y occupant trois bataillons par département, et elles seraient achevées avant douze années. Les rectifications de routes nationales s'achèveraient ainsi que les chemins de fer commencés ou en projets avant sept années, après quoi tous les bataillons s'occuperaient de l'amélioration du sol par les irrigations, le reboisement, et de tous les grands travaux dont l'ancien gouvernement n'avait fait qu'entrevoir l'utilité, sans jamais pouvoir passer à leur exécution.

Des pompiers-militaires (ce corps si utile à Paris) pourraient être établis dans chaque ville et dans chaque chef-lieu de canton où ils seraient employés à l'entretien des édifices publics, à la conservation des habits et armes des réserves, et à celle des grains mis en dépôt pour prévenir les disettes. Cette garde nationale ou réserve, entièrement composée d'hommes qui auraient servi et qui seraient habitués aux manœuvres, ne serait une force ni illusoire ni dérisoire.

Par ce système, l'état s'attacherait, en améliorant leur sort, presque tous ceux qui sont nécessiteux en France, et qui néanmoins aiment le travail; il verserait à pleine coupe bien-être et bonheur sur cette classe d'hommes que n'attaqueraient plus l'inconduite, la misère et la débauche, ses ennemis les plus acharnés.

Le mariage du soldat, permis à l'âge de trente ans, et son éloignement des villes, ne cicatriseraient-ils pas, sinon entièrement, au moins en grande partie, cette plaie hideuse de la société appelée la prostitution, qu'on ne sonde qu'avec effroi et qui mine sourdement la santé et la morale publique.

On donnerait une immense activité à la marine qui serait chargée des transports nombreux d'hommes, de vivres et de matériaux que nécessiterait l'établissement de ce système. L'accroissement probable de la richesse territoriale de la France, sa sécurité à l'intérieur seraient une conséquence de ce bien-être donné à une foule de travailleurs, le respect et l'estime à l'extérieur s'en suivraient aussi.

Les inconvénients, je les vois peu graves et peu nombreux; ce serait d'abord peut-être une dépréciation des produits du sol par suite du retrait d'un grand nombre de consommateurs; les fournisseurs et adjudicataires n'auraient plus l'occasion de s'enrichir ou de se ruiner, ce qui n'est pas très-fâcheux; mais en revanche ne donnons-nous pas aussi le moyen de dégrever d'impôts et le commerce et l'agriculture.

L'agglomération de huit mille jeunes gens dans des écoles militaires pourrait avoir des inconvénients pour l'ordre, objectera-t-on; je répondrai que les lois militaires régiront les écoles, et que cette agglomération me semble nécessitée par l'avantage qu'auraient les élèves de posséder à eux tout un canton, afin d'y faire et les grandes manœuvres et les promenades indispensables à une bonne éducation militaire, ce qui n'aurait pas lieu si on divisait les élèves dans de petites et nombreuses écoles. On pourrait dire aussi que cet assujétissement à la discipline déplairait aux travailleurs; mais pour gagner le bien-être et l'aisance on doit bien faire quelques sacrifices, je pense; et puis la discipline d'une armée de travailleurs ne serait pas celle d'une troupe en garnison; il y aurait moins de minuties dans le service et plus d'affection mutuelle entre les soldats et les chefs; enfin je pourrais dire ici que j'ai proposé à bien des soldats de servir à ces conditions, et que tous les ont accepté.

CHAPITRE X^e.

COMMENT ON POURRAIT ÉTABLIR CE SYSTÈME.

La première chose à faire serait de se procurer des blés, des vins, des bestiaux, du chanvre, du coton, des laines, etc. afin de pouvoir nourrir et habiller les ouvriers

qui voudraient s'incorporer à l'armée avant qu'elle eût pu
produire la nourriture et les objets d'entretien que demanderait cet accroissement des cadres.

Les laines, par exemple, seraient envoyées dans des fila-
tures louées ou achetées; on y appellerait des ouvriers
fileurs et drapiers qu'on enregimenterait avec les avantages
faits aux soldats et sous-officiers suivant leur mérite; on
pourrait appeler des cultivateurs sans fortune, et autant
que possible ceux qui auraient été militaires; ils seraient
envoyés en Afrique. En un mot, chaque profession verserait son contingent de travailleurs dans l'armée où il leur
serait assuré une existence honorable. Tous les conscrits
de 17 à 21 ans tireraient au sort, il en serait choisi
84,000 par année qui iraient, ceux de 19 à 21, une année aux écoles militaires, et les autres deux années.
On pourrait faire aux soldats de l'armée actuelle offre des
avantages du nouveau système; on arriverait ainsi en
quelques années au nombre total de 1,470,000 travailleurs que l'état pourrait occuper avec une dépense in-
férieure à celle du budget de 1844.

CONCLUSION.

Nous venons d'esquisser un plan d'organisation du
travail limité à des proportions convenables qu'il serait
imprudent de dépasser; nous avons établi la possibilité de
son existence par des chiffres, ce que personne n'a fait
jusqu'ici. Que conclure de ce que nous avons dit, sinon
l'application immédiate de ce système qui emprunte au
fourriérisme son mode de travail en commun; à l'armée,
sa discipline, sa hiérarchie, ses sujets, ses armes, ses manœuvres; à l'industrie, ses ouvriers, ses machines?

Que conclure sinon l'adoption d'un système qui doit tempérer cette ambition démesurée des hommes du jour; qui doit remettre en honneur la conduite et l'économie, resserrer les liens de la famille souvent brisés par la misère et la débauche, sa compagne habituelle ; qui doit permettre chaque année à 60,000 (1) personnes de passer de la classe de ceux qui n'ont rien dans celle de ceux qui possèdent, et ayant intérèt au maintien de l'ordre ; qui doit assurer l'intégralité de leurs droits aux propriétaires , donner nourriture et bien-être à 4,800,000 personnes (2) avec un budget de 552,000,000 fr. pour quatre ministères ; qui doit enfin dégrever de leur impot, par vingtième chaque année, les propriétés et le

---

( ) Les personnes qui recevraient l'aisance de l'État seraient les retraités à 340 fr de pension et 7,800 fr. d'indemnité.

Il y aurait 30,000 militaires, par an, qui jouiraient de ce droit, et en y comprenant leurs femmes qui partageraient leur aisance, cela ferait 60,000 personnes.

(2) Le nombre de 4,800,000 personnes nourries et habillées par l'État, aveé une dépense, de 552,000,000, serait divisé ainsi qu'il suit :

Soldats Célibataires.	700,000
Soldats Mariés.	770,000
Femmes de solats mariés.	770,000
Deux enfants par famille.	1,540,000
Eléves aux écoles.	224,000
30,000 retraités par an ayant à vivre moyennement 13 ans et demi, ce qui fait 13 fois et demi 30,000, ou à peu près	400,000
Leurs femmes.	400,000
Total.	4,804,000

commerce, amortir par trentième par an la dette dé France et rendre par conséquent impossible la banqueroute de l'état devenue imminente.

A l'œuvre donc et nous ferons plus que les Romains qui ont laissé tant de restes de leur grandeur passée, parce que nos moyens sont plus puissants.

FIN.

TABLE

DES MATIÈRES.

Chapitre 1er. — Aperçu général. 5

Chapitre 2. — Des écoles militaires. 8

Chapitre 3. — De la composition de l'armée. 12

Chapitre 4. — Emploi de l'armée active. 15

Chapitre 5. — Du Remplacement. 22

Chapitre 6. — De la solde. 23

Chapitre 7. — Des dépenses occasionnées par ce système. 27

Chapitre 8. — De l'économie résultant de ce système. 31

Chapitre 9. — Des avantages et des inconvénients. 32

Chapitre 10. — Comment on pourrait établir ce système. 34

Conclusion.

<h1 style="text-align:center">ERRATA.</h1>

Page 7, ligne 6, *au lieu* de écoles militaire *lisez* écoles militaires.

Page 7, ligne 51, *au lieu* de 600 fr. *lisez* 550 fr.

Page 10, ligne 54, *au lieu de* ses ances *lisez* ses anses.

Page 15, ligne 8, *au lieu* de mille hommes chacun dont *lisez* de mille hommes chacun, dont.

Page 16, ligne 7, *au lieu de* comme nous le verrons plus bas dans le détail de l'ordinaire du soldat, il lui est accordé *lisez* comme il est accordé, etc.

Page 19, ligne 6, *au lieu de* et des armes, des réserves *lisez* des armes des réserves.

www.ingramcontent.com/pod-product-compliance
Lightning Source LLC
Chambersburg PA
CBHW051331060726
47596CB00004B/1572